Robert Louis Stevenson

A Lowden Sabbath Morn

Robert Louis Stevenson

A Lowden Sabbath Morn

ISBN/EAN: 9783743325296

Manufactured in Europe, USA, Canada, Australia, Japa

Cover: Foto ©Lupo / pixelio.de

Manufactured and distributed by brebook publishing software (www.brebook.com)

Robert Louis Stevenson

A Lowden Sabbath Morn

A LOWDEN SABBATH MORN

THE PRAYER

A LOWDEN SABBATH MORN

BY ROBERT LOUIS STEVENSON
ILLUSTRATED BY A. S. BOYD
& PUBLISHED AT LONDON BY
CHATTO & WINDUS   MCMIX

First Illustrated Edition published 1898, and a Second Impression in the same year.

New Edition in 1907; and with Coloured Frontispiece in 1909.

Printed by BALLANTYNE, HANSON & Co.
At the Ballantyne Press, Edinburgh

TO

THE MEMORY OF

ROBERT LOUIS STEVENSON

THIS BOOK IS DEDICATED

BY

THE ILLUSTRATOR

A Lowden Sabbath Morn

I

THE clinkum-clank o' Sabbath bells
Noo to the hoastin' rookery swells,
Noo faintin' laigh in shady dells,
    Sounds far an' near,
An' through the simmer kintry tells
    Its tale o' cheer.

An' noo, to that melodious play,
A' deidly awn the quiet sway—
A' ken their solemn holiday,
    Bestial an' human,
The singin' lintie on the brae,
    The restin' plou'man.

III

He, mair than a' the lave o' men,
His week completit joys to ken;
Half-dressed, he daunders out an' in,
    Perplext wi' leisure;
An' his raxt limbs he'll rax again
    Wi' painfü' pleesure.

IV

The steerin' mither strang afit
Noo shoos the bairnies but a bit;
Noo cries them ben, their Sinday shüit
  To scart upon them,
Or sweeties in their pouch to pit,
  Wi' blessin's on them.

V

The lasses, clean frae tap to taes,
Are busked in crunklin' underclaes;
The gartened hose, the weel-filled stays,
  The nakit shift,
A' bleached on bonny greens for days
  An' white's the drift.

VI

An' noo to face the kirkward mile:
The guidman's hat o' dacent style,
The blackit shoon, we noo maun fyle
    As white's the miller:
A waefu' peety tae, to spile
    The warth o' siller.

VII

Our Marg'et, aye sae keen to crack,
Douce-stappin' in the stoury track,
Her emeralt goun a' kiltit back
    Frae snawy coats,
White-ankled, leads the kirkward pack
    Wi' Dauvit Groats.

VIII

A thocht ahint, in runkled breeks,
A' spiled wi' lyin' by for weeks,
The guidman follows closs, an' cleiks
    The sonsie missis;
His sarious face at aince bespeaks
    The day that this is.

IX

And aye an' while we nearer draw
To whaur the kirkton lies alaw,
Mair neebours, comin' saft an' slaw
    Frae here an' there,
The thicker thrang the gate, an' caw
    The stour in air.

X

But hark! the bells frae nearer clang;
To rowst the slaw, their sides they bang;
An' see! black coats a'ready thrang
    The green kirkyaird;
And at the yett, the chestnuts spang
    That brocht the laird.

XI

The solemn elders at the plate
Stand drinkin' deep the pride o' state:
The practised hands as gash an' great
    As Lords o' Session;
The later named, a wee thing blate
    In their expression.

XII

The prentit stanes that mark the deid,
Wi' lengthened lip, the sarious read;
Syne wag a moraleesin' heid,
    An' then an' there
Their hirplin' practice an' their creed
    Try hard to square.

XIII

It's here our Merren lang has lain,
A wee bewast the table-stane;
An' yon's the grave o' Sandy Blane;
    An' further ower,
The mither's brithers, dacent men!
    Lie a' the fower.

XIV

Here the guidman sall bide awee
To dwall amang the deid ; to see
Auld faces clear in fancy's e'e ;
    Belike to hear
Auld voices fa'in saft an' slee
    On fancy's ear.

XV

Thus, on the day o' solemn things,
The bell that in the steeple swings
To fauld a scaittered faim'ly rings
    Its walcome screed ;
An' just a wee thing nearer brings
    The quick an' deid.

XVI

But noo the bell is ringin' in ;
To tak their places, folk begin ;
The minister himsel' will shüne
    Be up the gate,
Filled fu' wi' clavers about sin
    An' man's estate.

XVII

The tünes are up—*French*, to be shüre,
The faithfü' *French*, an' twa-three mair ;
The auld prezentor, hoastin' sair,
    Wales out the portions,
An' yirks the tüne into the air
    Wi' queer contortions.

XVIII

Follows the prayer, the readin' next,
An' than the fisslin' for the text—
The twa-three last to find it, vext
    But kind o' proud ;
An' than the peppermints are raxed,
    An' southernwood.

XIX

For noo's the time whan pows are seen
Nid-noddin' like a mandareen ;
When tenty mithers stap a preen
    In sleepin' weans ;
An' nearly half the parochine
    Forget their pains.

XX

There's just a waukrif' twa or three:
Thrawn commentautors sweer to 'gree,
Weans glowrin' at the bumlin' bee
    On windie-glasses,
Or lads that tak a keek a-glee
    At sonsie lasses.

XXI

Himsel', meanwhile, frae whaur he cocks
An' bobs belaw the soundin'-box,
The treesures of his words unlocks
    Wi' prodigality,
An' deals some unco dingin' knocks
    To infidality.

XXII

Wi' sappy unction, hoo he burkes
The hopes o' men that trust in works,
Expounds the fau'ts o' ither kirks,
    An' shaws the best o' them
No muckle better than mere Turks,
    When a's confessed o' them.

XXIII

Bethankit! what a bonny creed!
What mair would ony Christian need?—
The braw words rumm'le ower his heid,
    Nor steer the sleeper;
And in their restin' graves, the deid
    Sleep aye the deeper.

AUTHOR'S NOTE

It may be guessed by some that I had a certain parish in my eye, and this makes it proper I should add a word of disclamation. In my time there have been two ministers in that parish. Of the first I have a special reason to speak well, even had there been any to think ill. The second I have often met in private and long (in the due phrase) "sat under" in his church, and neither here nor there have I heard an unkind or ugly word upon his lips. The preacher of the text had thus no original in that particular parish; but when I was a boy he might have been observed in many others; he was then (like the schoolmaster) abroad; and by recent advices, it would seem he has not yet entirely disappeared.

ILLUSTRATOR'S NOTE

I am not certain of the particular parish Stevenson had in his mind when he wrote this poem, but I am certain that the description is typical of almost any Scottish rural parish, Lowden (that is, *Lothian*) or other. In illustrating the verses it has seemed to me, therefore, unnecessary to make portraits from any one locality. I fancy the writer looked back to the period of his boyhood and to the people he knew in more than one part of his native country, so I have tried to depict that period and that class of people as I remember them in various counties of his land and mine.

A. S. B.

The clinkum-clank o' Sabbath bells
Noo to the hoastin' rookery swells,
Noo faintin' laigh in shady dells,
    Sounds far an' near,
An' through the simmer kintry tells
    Its tale o' cheer.

An' noo, to that melodious play,
A' deidly awn the quiet sway—
A' ken their solemn holiday,
  Bestial an' human,
The singin' lintie on the brae,
  The restin' plou'man.

He, mair than a' the lave o' men,
His week completit joys to ken;
Half-dressed, he daunders out an' in,
    Perplext wi' leisure;
An' his raxt limbs he'll rax again
    Wi' painfu' pleesure.

The steerin' mither strang afit
Noo shoos the bairnies but a bit;
Noo cries them ben, their Sinday shüit
    To scart upon them,
Or sweeties in their pouch to pit,
    Wi' blessin's on them.

The lasses, clean frae tap to taes,
Are busked in crunklin' underclaes;
The gartened hose, the weel-filled stays,
  The nakit shift,
A' bleached on bonny greens for days,
  An' white's the drift.

An' noo to face the kirkward mile:
The guidman's hat o' dacent style,
The blackit shoon, we noo maun fyle
   As white's the miller:
A waefu' peety tae, to spile
   The warth o' siller.

Our Marg'et, aye sae keen to crack,
Douce-stappin' in the stoury track,
Her emerant goun a' kiltit back
  Frae snawy coats,
White-ankled, leads the kirkward pack
  Wi' Dauvit Groats.

A thocht ahint, in runkled breeks,
A' spiled wi' lyin' by for weeks,
The guidman follows closs, an' cleiks
  The sonsie missis;
His sarious face at aince bespeaks
  The day that this is.

*And aye an' while we nearer draw
To whaur the kirkton lies alaw,
Mair neebours, comin' saft an' slaw
        Frae here an' there,
The thicker thrang the gate, an' caw
        The stour in air.*

But hark! the bells frae nearer clang;
To rowst the slaw, their sides they bang;
An' see! black coats a'ready thrang
      The green kirkyaird;
And at the yett, the chestnuts spang
      That brocht the laird.

The solemn elders at the plate
Stand drinkin' deep the pride o' state;
The practised hands as gash an' great
    As Lords o' Session;
The later named, a wee thing blate
    In their expression.

The prentit stanes that mark the deid,
Wi' lengthened lip, the sarious read;
Syne wag a moraleesin' heid,
    An' then an' there
Their hirplin' practice an' their creed
    Try hard to square.

It's here our Merren lang has lain,
A wee bewast the table-stane;
An' yon's the grave o' Sandy Blane;
  An' further ower,
The mither's brithers, dacent men!
  Lie a' the fower.

Here the guidman sall bide awee
To dwall amang the deid; to see
Auld faces clear in fancy's e'e;
    Belike to hear
Auld voices fa'in saft an' slee
    On fancy's ear.

Thus, on the day o' solemn things,
The bell that in the steeple swings
To fauld a scattered faim'ly rings
    Its walcome screed;
An' just a wee thing nearer brings
    The quick an' deid.

*But noo the bell is ringin' in;
To tak their places, folk begin;*

The minister himsel' will shüne
  Be up the gate,
Filled fu' wi' clavers about sin
  An' man's estate.

The tunes are up—French, to be shüre,
The faithfü' French, an' twa-three mair;
The auld prezentor, hoastin' sair,
      Wales out the portions,
An' yirks the tune into the air
      Wi' queer contortions.

Follows the prayer, the readin' next,
An' than the fisslin' for the text—
The twa-three last to find it, vext
    But kind o' proud;

An' than the peppermints are raxed,
An' southernwood.

For noo's the time whan pows are seen
Nid-noddin' like a mandareen ;
When tenty mithers slap a preen
    In sleepin' weans ;
An' nearly half the parochine
    Forget their pains.

*There's just a waukrif' twa or three:
Thrawn commentautors sweer to 'gree,*

> Weans glowrin' at the bumlin' bee
>   On windie-glasses,
> Or lads that tak a keek a-glee
>   At sonsie lasses.

Himsel', meanwhile, frae whaur he cocks
An' bobs belaw the soundin'-box,
The treesures of his words unlocks
    Wi' prodigality,
An' deals some unco dingin' knocks
    To infidality.

Wi' sappy unction, hoo he burkes
The hopes o' men that trust in works,
Expounds the fau'ts o' ither kirks,
    An' shaws the best o' them
No muckle better than mere Turks,
    When a's confessed o' them.

Bethankit! what a bonny creed!
What mair would ony Christian need?—

The braw words rumm'le ower his heid,
Nor steer the sleeper;

*And in their restin' graves, the deid
  Sleep aye the deeper.*

Works by Robert Louis Stevenson

AN INLAND VOYAGE.
EDINBURGH: PICTURESQUE NOTES.
TRAVELS WITH A DONKEY.
VIRGINIBUS PUERISQUE.
FAMILIAR STUDIES OF MEN AND BOOKS.
NEW ARABIAN NIGHTS.
TREASURE ISLAND.
THE SILVERADO SQUATTERS.
A CHILD'S GARDEN OF VERSES.
PRINCE OTTO.
THE STRANGE CASE OF DR. JEKYLL AND MR. HYDE.
KIDNAPPED.
THE MERRY MEN.
UNDERWOODS.
MEMORIES AND PORTRAITS.
THE BLACK ARROW.
THE MASTER OF BALLANTRAE.
FATHER DAMIEN: AN OPEN LETTER.
BALLADS.
ACROSS THE PLAINS.
ISLAND NIGHTS ENTERTAINMENTS.
A FOOTNOTE TO HISTORY.
CATRIONA.
WEIR OF HERMISTON.
VAILIMA LETTERS.
FABLES.
SONGS OF TRAVEL.
ST. IVES.
IN THE SOUTH SEAS.
ESSAYS OF TRAVEL.
TALES AND FANTASIES.
THE ART OF WRITING.
PRAYERS WRITTEN AT VAILIMA.
A CHRISTMAS SERMON.

with Mrs. Stevenson

THE DYNAMITER.

with Lloyd Osbourne

THE WRONG BOX.　　THE WRECKER.　　THE EBB-TIDE.

www.ingramcontent.com/pod-product-compliance
Lightning Source LLC
Chambersburg PA
CBHW020127170426
43199CB00009B/671